A l'encre de mon cœur

Anne-Cé Lebert

Anne-Cé Lebert

A l'encre de mon cœur

Les numéros accolés aux titres de certains textes,
renvoient à leurs murmures échappés et réunis dans le recueil
Mes murmures font le mur.
Les pages blanches sont des espaces libres et privilégiés,
des invitations à quelques secondes aussi courtes que longues
à accueillir des respirations, des souvenirs, des sensations
en conscience.

© 2023 Anne-Cé Lebert
Illustrations, couverture, design Anne-Cécile Lebert

Édition : BoD · Books on Demand, 31 avenue Saint-Rémy,
57600 Forbach, bod@bod.fr
Impression : Libri Plureos GmbH, Friedensallee 273,
22763 Hamburg (Allemagne)

ISBN : 978-2-3225-3468-5
Dépôt légal : octobre 2023
Nouvelle édition - Dépôt légal : mai 2025

J'ai cueilli mes pensées.

Question de survie.

Me suis lancée.

Recueillir, écouter, écrire

les événements traversés

qui m'ont bouleversée,

fait perdre pied

et bien plus encore.

Pour ne plus sombrer.

Pour en sortir.

J'ai autorisé les maux de corps

prendre lignes, points,

poings et corps

et dessiné ainsi leur histoire.

Et aller bien plus loin, encore...

Comme vous tous, j'ai franchi cette porte.

L'Origine.

Propulsée sur la route,
je n'ai pas tout de suite compris
l'idée de ce voyage-là,
celui que l'on a en partage.

Finalement, tout s'est éclairci.
Où, quand, comment ?
Long, tranquille, court ou tragique.
Ni vous, ni moi, n'en connaissons les détails,
les couleurs, les saveurs, les batailles.

Seulement l'issue inéluctable.

Alors, autant s'évertuer à le transformer et le rendre
magique ou tout simplement supportable.

Voyage (n°1)

L'eau de là-haut,
Pluie,
dans le pli de mes yeux.

Il pleut dans mes yeux
Eau de pluie,

Eau de vie.

Il pleut dans mes yeux.
Je suis en vie.

Pluie (n°2)

A l'écrire, tu comprends que la vie
vaut la peine d'être dansée !

Tu t'accordes pour fredonner
sur les meilleurs accords, les mélodies
et vivre, vibrer, aimer, battre le rythme, la cadence.

Quand tu danses, tu as le temps.
Il fait plus que beau,
dans ton cœur, dans ton corps.
Encore, aime-la encore.
Chante et danse ta vie.
Plus fort.

Maintenant, tu l'as compris.
A la rêver, à la scander,
ta vie vaut la peine
d'en pleurer, de hurler,
de t'accrocher.
Ne pas lâcher.
La peine de la vivre, de la rire,
de l'écrire dans ton cœur, dans tes veines,
Sous ta peau, sur tes lèvres.

La danser.
Encore.
Fort.
Danse ta vie !

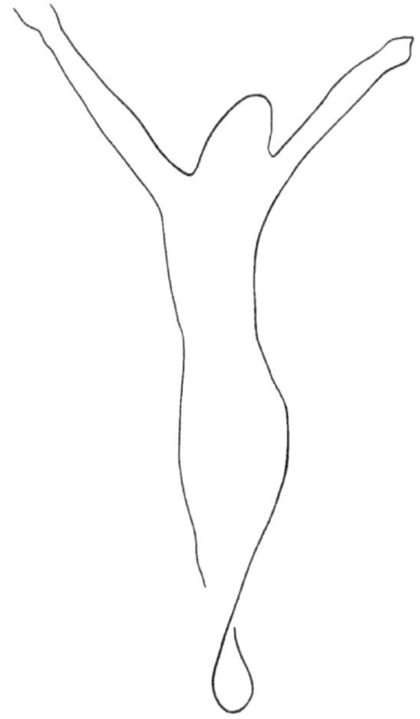

Danse la vie.

Suis le rythme,
mes saisons.
Je dis oui, je dis non.

Le tempo, la cadence.
Suis la Terre,
Ses pulsations.

Respirations.
Le monde en moi
Dans ma cage.

Suis le souffle
L'Univers.

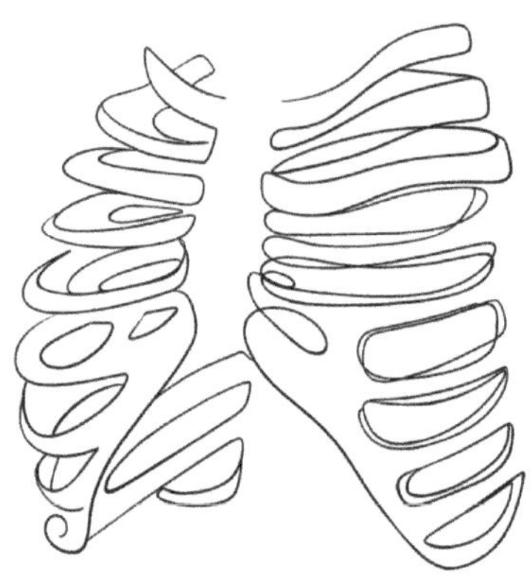

Dans ma cage

Liberté
trois syllabes
pour une immensité.

Ni limite, ni frontière,
l'oiseau l'envol le ciel les nuages les cieux les esprits
les anges,

l'univers.

Ce pour quoi se battre chaque jour,
chaque matin, faire le choix de se lever
et faire sa part.

Nous sommes *Liberté*.

Nous faisons des choix
des dizaines de fois
par jour.
Chaque jour
où nous ouvrons
les yeux, nous levons
nos paupières
sur ce monde
qu'il nous reste à faire,
à défendre, à créer
et réinventer.

Chaque jour, jusqu'au dernier.

Liberté (n°14)

Ma vie a chaviré.

Meurtri, mon corps s'est endormi. Absenté.
Mon âme s'est échouée.

Telle une épave extraite de ces eaux
qu'elle pensait avoir choisies pour berceau,
elle ressurgit, appelle à l'air,
sur terre, par sursaut de sur-vie.

Pour témoigner du calvaire.
Remercier la Terre-Mer de l'avoir recueillie.
De ne pas l'avoir abandonnée.

Comme une maman accueille son enfant.

Gratitude (n°19)

Libertés…
de vivre, de mourir
de continuer, de cesser
de marcher, de courir
de se couper du monde
de se couper les veines
de répondre avec amour
de répandre la haine
de faire de l'humour
de faire de la peine.

Libertés de rire, de pleurer
d'accepter, de refuser
de consentir, de mentir
de croire et faire croire tout ça et bien pire…

Libertés... (n°13)

Je me revois, assise, sur le rebord de la baie vitrée du salon. Le soleil est dans mon dos. Il fait bon.
Je me tiens droite et patiente face à l'objectif.
Souris maintenant.
Je m'exécute.
Non ! Pas comme une imbécile ! Tu as l'air stupide avec ce sourire… me lance au cœur, ma grand-mère paternelle, agacée voire affligée...
La chaleur du soleil tente de réchauffer mes os en cet instant devenu brutalement glaciaux.

Alors que mon cœur s'emballe, craquelle, se brise en mille morceaux, en silence, surtout ne pas faire de bruit, ne pas broncher, je sens mes joues rougir, je tente un autre sourire mais lequel ? Lequel ? Vite !

Clic !

Grand-Mère a capturé ce sourire qui fait mine de n'être ni triste, ni blessé. Ce sourire contraint, forcé. Pas libre, pas spontané, pas gai, pas vrai.
Elle a choisi un sourire faux, un sourire sage, obéissant, un instant, vidé de l'étincelle de l'enfant que j'étais.
Le sourire que ma grand-mère voulait garder est un sourire figé qui tentait de cacher le chagrin qui l'avait envahi,
un sourire, à l'image de cette enfant qu'elle voulait que je sois et non celle que j'étais.

A l'image de l'enfant espiègle, gaie et enjouée qu'elle-même avait été, petite, et qui, très jeune, a appris à ne laisser paraître qu'un sourire posé,
poli devant un appareil photo à soufflet ; objet témoin, autant que mensonger, d'une réalité représentée.

Imbécile (n°7)

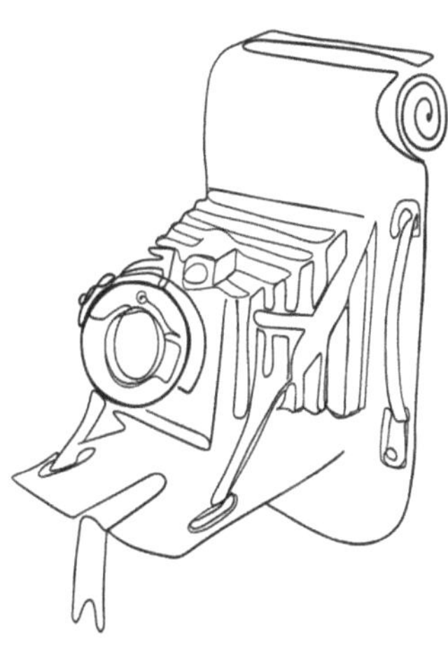

Il l'a - outrageusement - maquillée
avec mes feutres.
L'a - pour de vrai - défigurée…
Comme ces filles beaucoup trop fardées.

Puis, il a voulu la démaquiller,
m'a-t-il dit, avec de l'acétone,
il en a effacé les yeux, tu m'étonnes,
comme pour l'empêcher de voir la suite…

Il lui a coupé
sa jolie petite mèche de cheveux
qui dépassait de son bonnet bleu.

Ce qu'il a fait à ma poupée,
il me l'a fait.
Nous a abîmées
A tout jamais.

Mon cœur, mon âme à jamais
voilés, endeuillés.

Il a transformé
mon enfance en souffrances,
fait basculer mes croyances,

ma confiance.

Il m'a violentée
comme il a violenté ma poupée.

Comme si (n°9)

Hier, en feuilletant cet album vieilli, sur papier glacé
aux couleurs jaunies, passées,

je suis cette enfant qui pose immobile à contre-jour.

Je vois l'enfant qui obéit et tente de faire plaisir.
Je patiente et me prête à ce jeu qui n'en est pas un. Il
est dicté par ma grand-mère qui prend les choses de la
vie très au sérieux.
La vie lui a appris les guerres, les conflits,
les restrictions, les humiliations,
la rudesse, la résilience.

Négatif développé et transformé en positif,
ce cliché est à l'image de notre enfance… piégée dans
le trouble des apparences.

Apparences

- Veux-tu m'épouser ?

- Toi qui prétends lire dans mes pensées !

- C'est que ce n'est pas toujours clair !

- A toi de voir !

Je tourne les talons et n'ose pas me retourner. Fais mine d'avoir le pas léger. Mon cœur est lourd. Je perds pied.

Et s'il ne me suivait pas ?

Je ne me suis jamais retournée…

M'épouser ? (n°11)

Oui !
Un si petit mot pour un si grand saut !

A dire oui, on dit non au reste.
Dire oui à la vie,
c'est choisir de ne pas en finir.
Pas tout de suite.
Ne pas choisir la mort,
Lui préférer la vie et l'amour aussi.
Avoir le courage d'y croire,
la créer, la rendre possible,
La vivre et témoigner.

Le vertige !

Se lancer et dire oui,
c'est se jeter de tout en haut,
d'entrevoir les risques
et de les prendre quand même.
Même si on flippe, c'est pour la bonne cause !

Dire oui, c'est ressentir que l'on est vivant.
Se sentir grandir, franchir un pas de géant !
Sortir des sentiers battus,
Des discours rabattus,
rabâchés, un saut vers l'inconnu.

Cet instant magique qui passe
et que l'on décide de saisir.
L'audace
de dire OUI !

Quand, pour la dernière fois, avez-vous dit oui ?

Oui ! (n°8)

Il est des manies qui deviennent des habitudes puis,
de jolis souvenirs, en devenir.

Dans mon assiette, des éclats de coquille
collés à mes œufs durs.
Traces laissées par celui qui les a préparés.
Et j'aime à croire qu'il le fait exprès.
Exprès, pour que je pense à lui.

Désormais, avec ou sans lui,
plus jamais je ne mangerai
d'œufs sans coquille.
Plus jamais.
Même sans lui.

Cette manie, joli souvenir, en devenir.

Coquille

De pièce en pièce,
je prends mon temps…
Je sais l'importance

de l'instant.

Pourtant,
aucun souvenir ne refait surface.
Comme s'ils avaient déjà quitté l'espace
où ils ont été créés.

Ils ont déjà quitté les lieux
pour se réfugier dans mon cœur, protégés.
Comme pour s'assurer de ne pas être oubliés.

Il n'est désormais plus temps
de laisser le passé
s'inviter dans ce lieu
que j'ai décidé étranger.

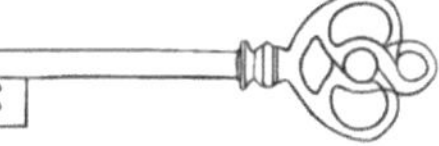

Me retourne.
Tout est vidé.
Dernier tour de clef.

Ce n'est pas rien.
Le vide permet le plein…

Tout est bien.

Tout est bien

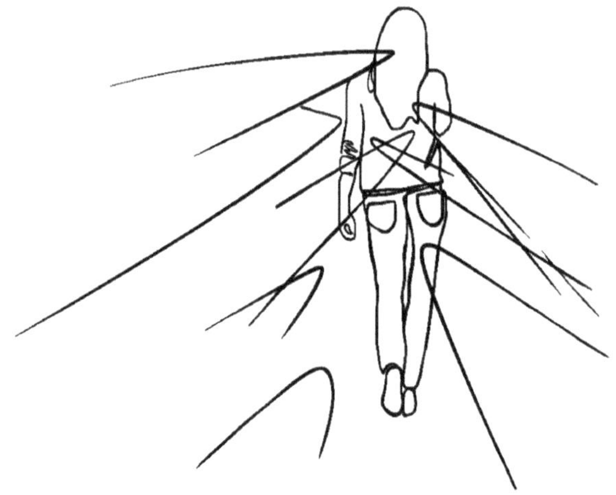

Dès le dos tourné, les vibrations, les ondes de leurs
yeux débordent de crasse et de grossièretés.
Démasquées, elles dévoilent leurs visages les plus
laids, leurs langues pendues, mauvaises et médisantes.
Petits regards en coin, sourires forcés, simagrées dignes
des cours de récré !
A poser leurs yeux sur moi et jeter leurs mots baveux,
bavés, belliqueux dans mon dos, elles se blessent elles-
mêmes, s'humilient, se salissent, s'encouragent dans
cet engrenage.
Effet de groupe. Effet de troupe.

A me rejeter,
elles me rappellent ainsi que je leur suis différente.
Je ne peux que leur en être reconnaissante !

Ma seule réponse restera le silence.

Reste accrochée à mon cœur, à mes rêves.
Reconnais ma chance.
J'embrasse et honore ma différence.

Le silence (n°12)

Mes yeux sont secs,
N'ont plus de larmes.

A trop de générosité,
Parfois rougis de colère,
Ils sont devenus secs.
Plus rien à dire, à soulager.
Plus rien à partager.

Ni fragilité, ni bonté.
Mes yeux sont secs.
Mon cœur n'a plus d'appui,
ne parvient plus à pleurer.
S'effondrer pour mieux se relever
Et peut-être guérir.

Mon corps, alors, prend le relais.
C'est lui, mon ami, mon allié.
Mon dernier ressort, mon dernier espoir.
Ma dernière carte à jouer !

Il se manifeste,
saigne, rougit, pâlit,
s'amaigrit, s'atrophie
s'affaiblit, dépéri.
Ses larmes sont des gouttes de sang,
des flots, des rivières.
C'est une vie entière
qui se joue.

Pas moyen de changer de je-u.
J'y suis, j'y reste
et fais le vœu
que Respect, Amour et Dignité
l'emportent.

La partie sera longue ou courte.
Tout dépend des cartes et de la stratégie choisie.
Tout dépend des règles imposées,
et du nombre de tours accordés.

Mon corps pleure (n°10)

Elle m'a enseigné l'importance de la transmission.

Le vide permet le plein.

Le manque éprouvé, crée le besoin vital de combler,
de créer, d'inventer.

Inventer une autre façon de vivre, d'avancer, de grandir
sans tuteur, sans aide, sans personne.

Sans personne qui prenne le temps de vous regarder,
vous aimer, vous parler, vous écouter,
vous accompagner.

Vous prouver que vous existez

pour quelqu'un.

Le vide permet le plein
Le rien l'absolu le tout.

Le manque (n°5)

Chère école,

Nous sommes tes enfants,
petits et grands !
Dans tes cours de récréation,
les liens se font et se défont.
Les disputes éclatent, les bagarres…
Puis, vient le temps des réconciliations.

Dans ton enceinte,
tout le monde grandit,
grands et petits.
On apprend à être parents,
accompagnants, correspondants.

La bibliothèque, les pique-niques,
La nuit des étoiles, les Jeux Olympiques,
Les Fêtes des Lumières, de Noël,
Les baptêmes, les communions,
Les veillées, les assemblées,
Les fêtes de la Solidarité et de fin d'année.

Tous uniques, tous unis,
vers l'apprentissage de la vie,
avec nos croyances, nos différences.
Et quand ce jour vient,
le dernier jour de notre vie en ton sein,
c'est le cœur serré que nous partons
en voiture, à vélo ou à pied.

Un dernier petit tour au parc,
les souvenirs ressurgissent et nous embarquent.

Un genou égratigné, une dent cassée,
une bagarre trop musclée,
les notes récompensées,
les défis relevés,
les victoires remportées.

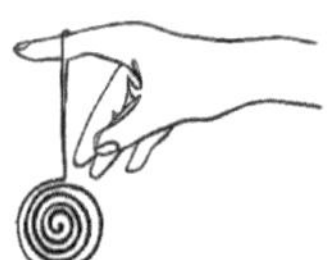

Dans notre cœur,
ces premières années de scolarité,
les pleurs,
les joies partagés
restent à jamais gravés.

Nous changeons d'horizon :
direction le Collège, le Lycée
voire même pire... l'Université !
Et encore même plus loin ! Qui sait ?
Peu importe !

Nous partageons tous, des souvenirs
communs ou pas, qui font ton histoire.
Les classes, les réfectoires,
les salles d'étude, les platanes, les préaux,
les toilettes, les points d'eau…

Tout nous rappelle qu'avant d'être grands,
nous avons été enfants.
Et dans tes cours de récré,
nos propres souvenirs d'enfance refont surface.
Le temps passe !

Vivement la Rentrée
pour découvrir une nouvelle cour de récré !
Où nos enfants pourront créer
de nouvelles expériences
aux portes de l'Adolescence !

Finalement…
Impossible d'y échapper.
D'une manière ou d'une autre,
et quel qu'en soit notre rôle,
chère école, tu appartiens bien à notre vie
passée, présente et à venir…

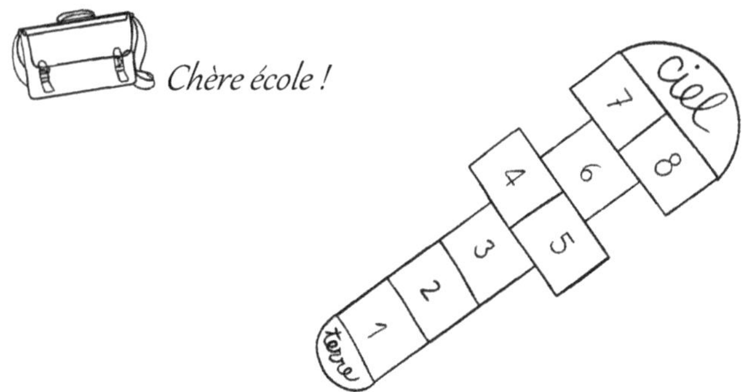

Chère école !

Dans la bouche, ce besoin de mastiquer,
à en avoir mal aux maxillaires
telles celles des cowboys,
les mousquetaires modernes.

Malaxée, collée, plaquée
sous l'assise de la chaise des écoliers,
pétrie, sculptée, écrasée,
sous le plateau d'un bureau déjà usé,

cette gomme à mâcher,
d'un autre goût que celui
de celle qui sert à effacer
toute trace de fautes, d'erreurs et d'étourderies.

Gomme à masquer
l'anxiété, l'inquiétude,
l'énervement, l'impatience,
une mauvaise habitude.

Habitude des heures de colle
distribuées parce que
accro à cette gomme collée
aux dents pour me donner du courage.

Courage d'affronter l'école
là où, malgré ce qu'en disent certaines professions,
l'on apprend non pas la socialisation
mais la violence, la compétition,
les humiliations et les punitions.

Hors de question de m'en passer.
Citron, Fraise, pomme ou soda,
Quel qu'en soit le parfum,
Elle me donnait l'entrain d'avant le combat.

Dans ma bouche, 8 cm carrés
à mâcher, à en faire des bulles,
poussées à l'expire
comme un cri de liberté,

un cri étouffé.

Gomme à mâcher (n°3)

Sales et poisseux mes mains, mes joues,
mes pieds, mes genoux…
Des insectes, des crapauds, des souris,
de la terre, de l'eau, de la boue.
Je jouais de tout, avec tout.
Tout ce qui me permettait d'échapper à l'ennui.
Jouer, éclater de rire, faire du bruit.

Briser le silence -
les silences qui enveloppaient la famille.
Des secrets qui finalement n'en étaient pour personne !
Tout est inscrit, dans nos gênes, l'ADN.
Quelques broutilles, peu de mystères.
Rien qui finalement ne change la donne.

L'odeur indescriptible et unique de la terre
sous les ongles, dans les plis de la peau,
à la frontière des naseaux.
C'était peut-être ça ma protection !
Toute cette crasse, cette saleté
sur ma peau, entre les orteils,
au creux des yeux, jusque dans les oreilles.
Comme pour ne plus rien voir, ne plus rien entendre,
ne plus rien vouloir savoir, ne plus vouloir comprendre.

Les silences, les faux secrets, les non-dits,
faisaient parfois tant de bruit
que je tentais probablement de briser leur écho.
Je voulais rivaliser de bruitage pour faire diversion
pour divertir la maison,
changer de tempo.

Alors, lorsque ma fille me dit :
Maman, tu sens mauvais… Tu sens la machine à laver !
Sans le savoir, elle a probablement, déjà, la nostalgie
de cette odeur indescriptible et unique de la terre !

C'est dans ses gênes, son ADN !

Saletés !

J'envie cet enfant qui, en face de moi, délicatement et avec méthode, écrase de son pouce et de son index la narine choisie. Il est dans sa bulle. Absorbé, il s'adonne à un rituel bien banal à cet âge et racle l'intérieur de la narine afin d'en extraire avec l'ongle, le mucus nasal.

Quelle jubilation ! La substance convoitée est désormais coincée sous l'ongle et libérée par les dents et la langue, organe tout en salive, venu en renfort !
Ecrasée contre le palais, l'exquise morve séchée délivre enfin, telle une épice, toute sa saveur salée et grainée !

J'envie cet enfant
qui, pas encore assez grand,
ose, sans être gêné,
goûter et savourer sa crotte de nez !

Crotte de nez !

J'aime mes mains osseuses, tordues, douloureuses.
Je les aime parce qu'elles se veulent fidèles à exécuter
ce que mon cerveau et mon cœur leur demandent
de réaliser.
Bien tenir mon bol de café, le matin, peu réveillée.
Caresser le visage de mon enfant, effleurer
une sculpture, une peinture, la peau de l'être aimé.
Ses plis, ses creux, ses aveux, son passé.

J'accepte et apprivoise mes mains vieillissantes,
comme tout le reste du corps. Sans aucun effort,
la décrépitude et encore plus forts, les cris échappés
tant il est devenu ardu de s'articuler, bouger, créer.

J'aime mes mains,
témoins touchantes de ma vie, mon existence.
Les épreuves, le temps, les accidents.

Elles me rappellent chaque jour, le privilège dont je
bénéficie.
Elles me rappellent que l'essentiel n'est pas en
superficie.
Mes mains osseuses, tordues, douloureuses,
me permettent de frissonner mon corps, la vie,
faire chavirer mon cœur conquis !

Mes mains

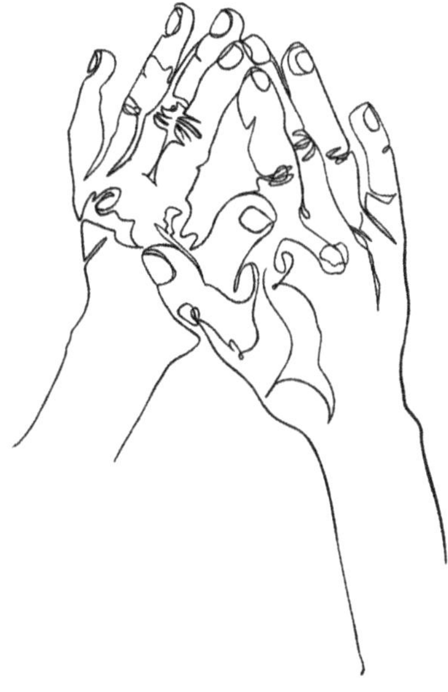

A l'encre de mon cœur

Selon la situation, il peut tout aussi bien demander la parole avec politesse et discipline que marquer son désaccord et sa révolte avec autant de violence, d'agressivité et d'irrespect.

A plonger dans la pâte à tartiner ou dans toute autre douceur, il est irrésistiblement léché.

Parfois, il a le privilège d'être encerclé par des anneaux dont certains sont le symbole d'alliances, d'unions ou d'appartenance à un autre.

Il peut malencontreusement se coincer dans une porte et intentionnellement croiser son voisin pour faire un vœu ou bien même mentir pour de vrai !

Joueur, il se met à galoper toujours avec le même copain, tête en bas et feint de se balader… l'air de rien…

Et pour soulager les pieds, autres extrémités reliées, il peut se lever, au bord du chemin dans l'espoir de les soulager le temps d'un petit tour à moteur !

Véritable et indétrônable nettoyeur de crottes, il peut également s'apposer, délicatement, à la bouche et rencontrer un fil d'air chaud qui laisse échapper un doux

Chut !

Le doigt

Pénétration… à ce mot, à ses sons, ces syllabes,
chacun y accole ses propres images.

L'injonction faite et infligée
aux hommes
de pénétrer, et marquer leur territoire,
cruelle illusion de possession et de pouvoir.

La soumission imaginée, fantasmée et orchestrée
des femmes,
territoire possédé, dévasté, violenté, esquinté
avant qu'il ne puisse prendre un quelconque pouvoir.

Pauvre d'entre eux qui, restreints à ce puéril exercice et
ces croyances qui vont de paire, ne peuvent tenir la
chandelle et ont ainsi peine à être en action.

Peine à entrer dans le monde fécond.

Pénétration

Il peut être mince ou ovale,
de forme longue ou ronde.
Il peut être plein, creux ou plat.
Le mien est unique !
Le vôtre aussi !
Chacun sa trace,
chacune sa marque
de notre entrée dans ce monde.

Autrefois cachée, censurée, érotisée,
cicatrice tabou qu'il était interdit de dévoiler,
elle est devenue tattoo.
Cicatrice commune aux mammifères placentaires,
elle est désormais exhibée, percée, accrochée
à des anneaux, des spirales et autres perles.

Point de repère en médecine,
situé entre deux vertèbres lombaires,
à l'origine, porte d'accès à l'oxygène et à
l'alimentation,
il est devenu la porte de grandes désinhibitions.

Il est mon centre autant que le vôtre !
Nous le regardons tous, à un moment ou un autre,
un instant volé, quelques secondes,
pour l'admirer et peut-être nous rappeler…

Mais, bien souvent, l'admiration se fait plus longue,
elle exagère !

Et vas-y que je l'admire parce que vraiment il en vaut
la peine !

Accro à mon égo, je l'entretiens,
le regarde, l'admire.
Il se prend pour le centre du monde.
Il a bien raison…

Mais, à regarder celui de mon voisin
et celui de ma voisine, là, un peu plus loin,
je pourrais y trouver un nouveau centre d'intérêt.
A en admirer un autre que le mien,
j'aime à y voir l'origine, là d'où l'on vient.

Comme un simple grain de sable,
ombilic, aussi insignifiant qu'unique,
témoin de notre toute première séparation,
avant tout, et sans mot dire,
nous partageons la signature commune
de notre première rupture…

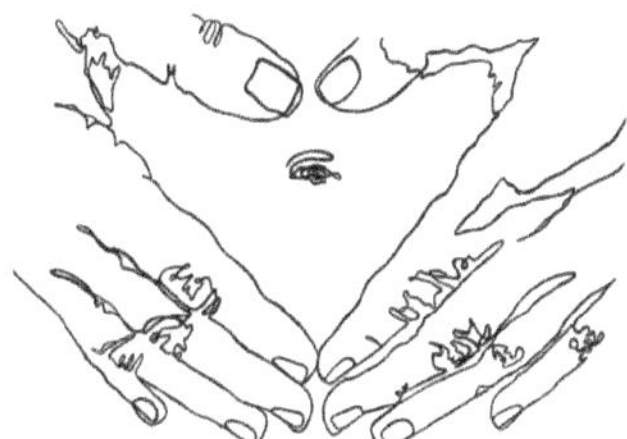

Nombril

Ma propre cathédrale,
humble temple de mon âme chérie,
est d'une modeste architecture
dotée de simples boyaux et viscères
qui, une fois à l'envers,
emballent la machine
équipée de véritables gouttières
qui se libèrent,
alors, enfin, de divers contrariétés, nœuds et bulles d'air.

Résolument, je préserve cette demeure d'os et de chair
que j'occupe et garde en vie,
le temps qu'il m'est offert.

Ma demeure...

Des constructions éphémères.
Les insectes, l'inconfort.
Le changement de rythmes, de sensations, de décors.
L'humidité.
L'odeur des arbres, des feuilles. La sève.

Jambes pliées, écartées, tête en bas.
Des mouches par dizaines
Qui bourdonnent autour de leurs succulents repas.

Signe que nous étions là, déjà, depuis trop longtemps !

Campements

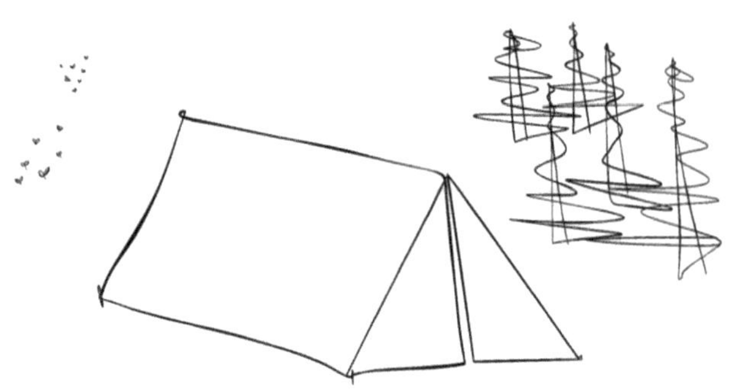

C'est celui qui dit qui l'est!
Les enfants le savent bien mieux que les grands…
Le mauvais chien n'est pas celui que l'on retient,
que l'on tire, que l'on bride mais, bien celui qui
s'accroche à l'autre extrémité de la laisse.
Le mauvais, le méchant, le chien, le vaurien, c'est celui
qui lui crie dessus, voire même plus.
A traiter l'animal de mauvais chien, c'est bien lui,
« l'humain » qui le devient.

C'est celui qui dit qui l'est…
Les enfants le savent bien !

C'est celui qui dit qui l'est !

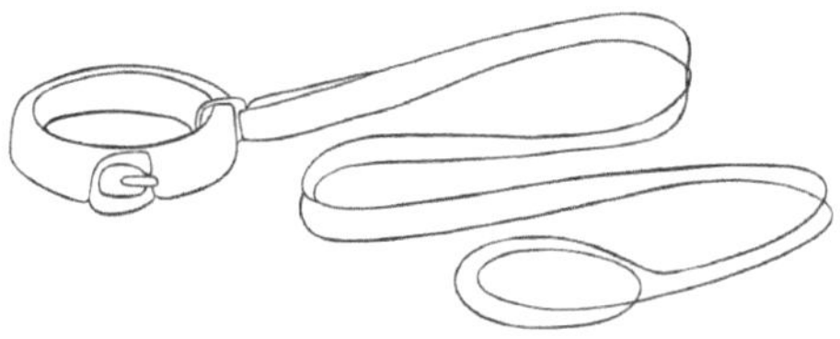

Mon père, c'était mon *Jacques a dit* à moi !

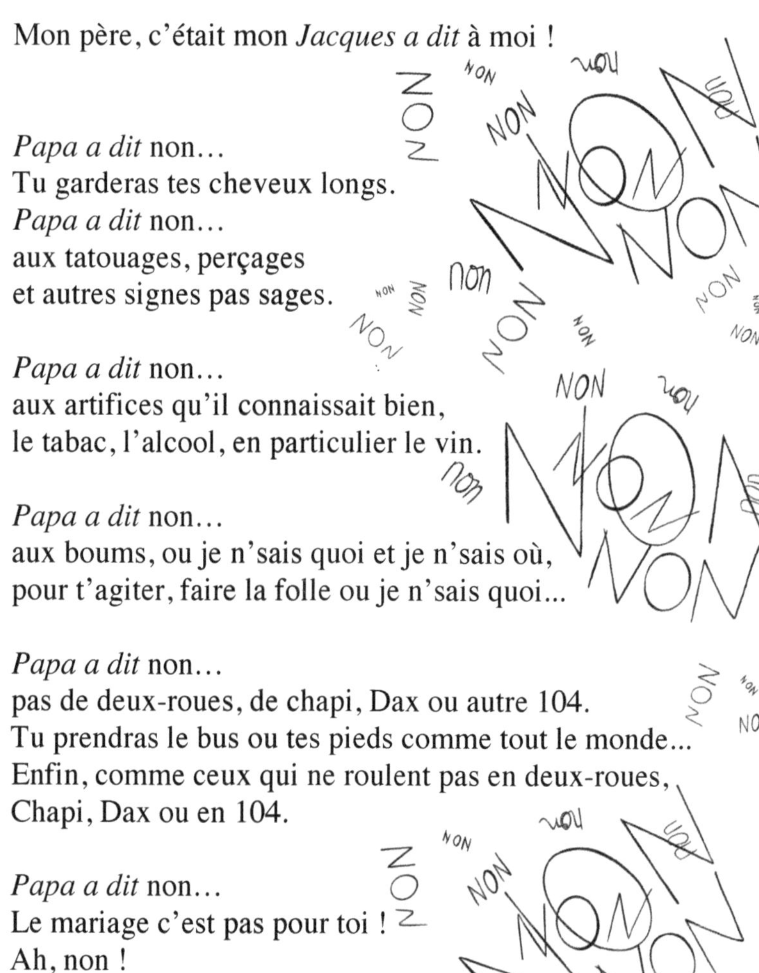

Papa a dit non…
Tu garderas tes cheveux longs.
Papa a dit non…
aux tatouages, perçages
et autres signes pas sages.

Papa a dit non…
aux artifices qu'il connaissait bien,
le tabac, l'alcool, en particulier le vin.

Papa a dit non…
aux boums, ou je n'sais quoi et je n'sais où,
pour t'agiter, faire la folle ou je n'sais quoi…

Papa a dit non…
pas de deux-roues, de chapi, Dax ou autre 104.
Tu prendras le bus ou tes pieds comme tout le monde…
Enfin, comme ceux qui ne roulent pas en deux-roues,
Chapi, Dax ou en 104.

Papa a dit non…
Le mariage c'est pas pour toi !
Ah, non !
Toi, tu as mieux à faire
que de dépendre d'un garçon !

A l'écriture de ces lignes,
Mon *Jacques a dit* à moi est apparu
au-dessus de mon épaule et m'a dit :
Tu ne vas pas raconter tout ça !
C'est juste entre toi et moi.
Ce sont nos secrets.
Alors, je lui ai répondu… NON

Ce ne sont pas des secrets.
Ce sont des vérités
que tu m'as fait traverser.
Et depuis que toi, mon *Jacques a dit* à moi,
tu es parti,
parti pour de bon,
Je déteste
lorsque l'on
tente de me dire NON !

Mon Jacques a dit à moi !

Suis partagée entre la nostalgie,
l'embarras et l'ennui
des l o n g s dimanches routiniers.

Pigeons, pintades, poules et poulets,
cailles, coqs, canards, dindes
oies, ou encore lapins…

Je me demande combien
de volailles sacrifiées…

en l'honneur, surement, de ce Seigneur
dont le jour est, semble-t-il, pour certains
du moins,

toujours consacré…

Les sacrifiées

Le Père Noël, les Cloches, la Petite Souris…
Que de mensonges répandus par des grands
qui ne cessent de répéter aux plus petits,
qu'il ne faut pas mentir…
Que de mensonges inventés et divulgués
dans une tentative désespérée
et vaine de camoufler la réalité
et la laideur de ce monde qu'eux-mêmes créent
pour de vrai…

Nous n'aurions plus besoin de mentir et faire diversion,
si nous nous efforcions
de créer un monde, en paix - chaque jour, en soi,
pour soi
et ainsi pour l'autre, en vrai…

Mensonges

A faire ton lit tous les matins

ou quasiment tous les matins
parce que parfois je m'abstiens,
parce que tu préfères te blottir dans un lit défait,
en bataille - comme tes cheveux -

Ainsi, lorsque je fais ton lit,
j'exécute une preuve d'amour,
m'octroie une parenthèse égoïste,
un temps doux…
passé à te souhaiter,
en secret,
une nouvelle nuit
faite de grandes batailles
et de rêves

aussi audacieux qu'heureux.

A faire ton lit (n°15)

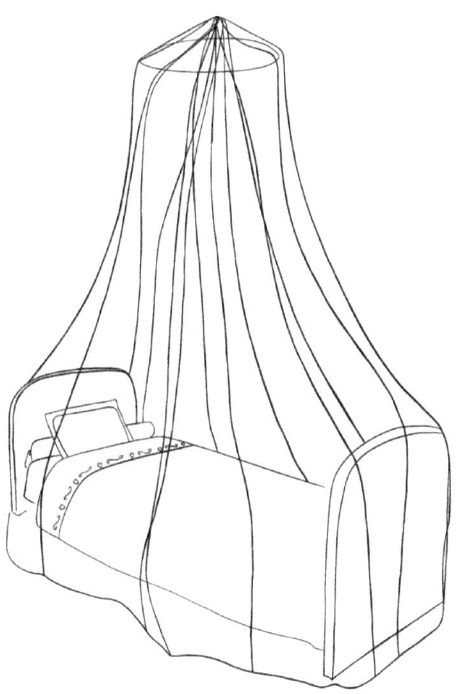

A l'encre de mon cœur

Discrète,
en cachette,
je veille,
je guette.

Chaque jour, chaque instant,
je tente de te protéger tant
que possible. Voudrais tant
t'épargner l'inutile.

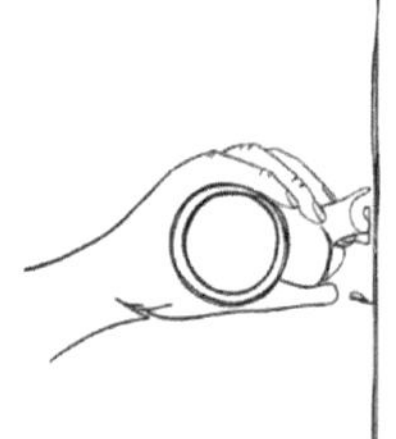

Tu penses être seule au monde,
faire l'expérience
de l'inconnu, l'adrénaline, les peurs.
Mais je suis là. Parfois tu le sais ou le pressens.
Mon cœur au calme ou à cent à l'heure.

Je suis là pour m'assurer que tout va bien,
qu'il ne t'arrive rien, rien de méchant.

Discrète, en cachette, je guette,
tel un paparazzo mais sans les prises photos,
sans les embuscades, sans les pièges.
Des cachettes juste pour m'assurer que tout va bien,
qu'il ne t'arrive rien, rien de méchant.

Mon enfant, mon trésor,
celui d'une vie et bien plus encore,
en cachette, je veille…

En cachette

Faire se rencontrer les cils…
Les laisser se retrouver.
Et dans le calme, refaire l'histoire,
Imager les récits.

Revivre dans le noir,
les meilleurs instants.
Me rappeler que rien n'est définitif.
Tout va. Tout file, s'en va, revient.

Tout est bien.

Chaque jour, ses leçons.
Dans le noir,
paupières closes,
rester dans l'émotion,

A l'unisson (n°4)

La maladie est un révélateur
de ce que nous sommes,

de ce qu'ils sont.

Certains restent,

d'autres s'en vont.

La malade,
elle –
fait de son mieux,
pour

ne pas fuir,

ne pas mourir.

La maladie (n°6)

61

Allongée dans l'herbe, face au ciel sans nuage,
la chaleur du soleil sur ma peau,

je frémis à ressentir l'air qui va et vient
dans et hors
de mon corps.

L'ombre soudaine me fait sursauter et ouvrir les yeux.
Une main en guise de pare-soleil,

je découvre une aigle majestueuse.

Elle plane, va et vient,
semble m'offrir cette danse des plus gracieuses.

Libre

Puissante

Je suis, nous sommes, cette aigle dans le ciel.

Cette aigle (n°16)

Les exclus, les brisés, les perdus, les malades, patients, au ban de notre société, qui patientent en silence, en souffrance, dans notre plus grande indifférence.

Leur dignité à tous, est à la hauteur de notre manque d'humanité à tous.

Nous oublions, un peu plus chaque jour, les blessés, les rescapés, les échoués.
Nous perdons, un peu plus chaque jour, de notre dignité.

Indignité

Quel sens peut-on trouver
lorsque l'on perd, enfant,
celle qui comblait
si tendrement, si joliment, si généreusement,
si pleinement,
le vide
créé
par l'absence
si profonde,
si sourde
de sa propre maman ?

L'absence

A l'encre de mon cœur

Il n'est plus.
Pour de vrai.

                        Est-on jamais prêt ?

Pour lui, c'est le grand départ, ses *Grandes Vacances*.
Pour moi, l'aventure bouleversante de l'absence
qui commence.
Irrémédiable. Quasiment palpable.
Chagrin inconsolable.

Aventure cruelle
qui finalement, se révèle
être l'opportunité d'apprendre
que personne
n'appartient à personne.

            Si ce n'est à la Terre,
            à laquelle chacun d'entre nous revient.
            D'une manière ou d'une autre.
            Un jour ou l'autre.

Il n'est plus (n°17)

A l'ouverture des portes, ils se ruèrent.

Curiosité déplacée.

Aller observer un mort.

Se présenter, devant un homme, plongé dans son
sommeil éternel, dans son embarcation vers *sous-terre*,
au-delà de ce que l'on sait, de ce que l'on peut
imaginer.
Au-delà de ce que l'on ose croire.
Invités devenus témoins spectateurs impudiques.
A se précipiter comme à l'ouverture d'un parc de
loisirs.
Sans même réfléchir. Entrer et regarder cette dépouille
comme un objet, une poupée.
Un mannequin préparé, nettoyé, habillé, maquillé, posé
puis, déposé, placé, exposé à la merci des regards

curieux,

déplacés.

Sans réfléchir.

Sans penser à la violence de la situation.
Comme pour se prouver qu'eux, sont toujours du bon
côté des planches.
Comme pour vérifier qu'ils sont toujours du côté
des respirants, des mouvants, des vivants.

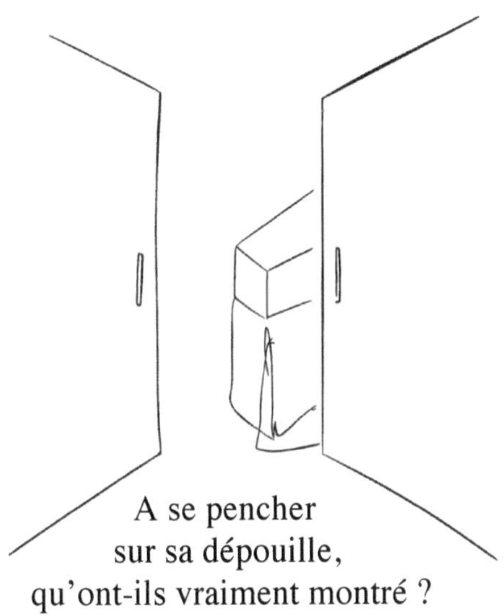

A se pencher
sur sa dépouille,
qu'ont-ils vraiment montré ?

Entrer et observer mon père défunt…

à quel dessein ?

A l'ouverture des portes (n°18)

Vous, qui êtes partis déjà… si tôt,
Les yeux clos, le sourire en moi,
je vous imagine…
juste pour une toute dernière fois,

près de moi.

Mes seuls gestes sont pour vous effleurer,
goûter encore… une toute dernière fois,
à la finesse de votre peau,
à la chaleur de vos regards,
écouter votre voix,
la douceur de votre cœur.

Juste une toute dernière fois.
Goûter à ce qui n'est plus, déjà…
Le sourire toujours en moi,
à garder les yeux clos,
je vous garde près de moi.

Encore, une toute dernière fois

Chaque année, est publiée la liste des invités
au repas des anciens.
Chaque année, on fait le bilan. On se compte !
Certaines années sont plus cruelles que d'autres et c'est
l'hécatombe.
Ceux qui restent, comptent ceux qui ont trépassé,
lâché la corde.
Leurs noms sont alors barrés, rayés de la liste.

Implacable mise à jour.
Cette année, à qui le tour…

Rayé de la liste des invités au repas des anciens,
on apparait alors sur la liste des décès de l'année !

Il en est ainsi.
On passe de liste en liste.
Certaines plus gaies que tristes !

La liste des invités

A l'encre de mon cœur

Je respire encore.
Je suis vivante.

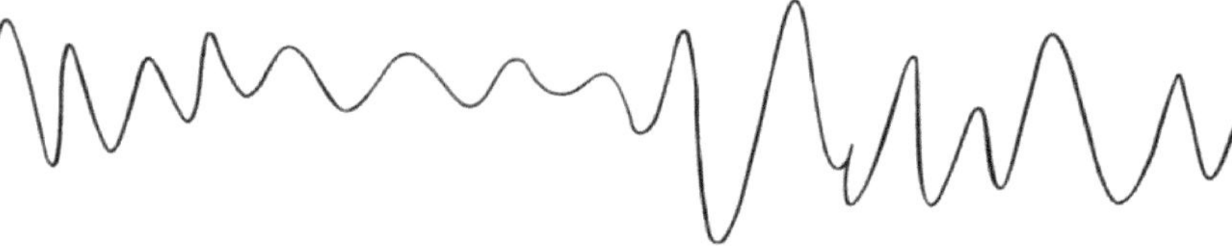

Je respire encore.

Je peux mourir.

Je respire

Je ne suis pas née
pour être mise dans des boîtes.

Ni de mon vivant,
Ni de ma mort.

Mise en boîtes

Nous ne savons pas quels seront nos derniers mots,
pensés, prononcés, chuchotés ou lancés.

Nos derniers mots dits, écrits, criés,
peut-être murmurés, échappés, hurlés,
réfléchis, armés d'amour, de joliesse,
jetés, oubliés, désarmants,
tonitruants, élégants, ou légers…

Alors, autant bien les choisir,
Soigner sa pensée, ses désirs.
Et trouver plaisir à les partager.
Ainsi, juste au cas où…

Au cas où, ils seraient les derniers.

Nos derniers mots (n°20)

Table des matières

Les numéros accolés à certains titres renvoient à leurs murmures échappés et réunis dans le recueil
Mes murmures font le mur

De l'autrice

Mes murmures font le mur

Dépôt légal : octobre 2023
Nouvelle édition : mai 2025

Impression : Libri Plureos GmbH, Friedensallee 273,
22763 Hamburg (Allemagne)

annecelebert@gmail.com